Jutta Heller

So bin ich stark

Gut aufgestellt mit dem inneren Team

Mit Illustrationen von Kai Pannen

KÖSEL

Die Autorin

Prof. Dr. Jutta Heller ist seit über 30 Jahren als selbstständige Trainerin, Beraterin und Coach tätig. Die Autorin und Expertin für Veränderungskompetenz und Resilienz ist es seit vielen Jahren gewohnt, mit Veränderungen umzugehen – privat und beruflich. Sie begleitet Unternehmen, Teams und Einzelpersonen bei der Umsetzung von Veränderungsmaßnahmen, hält Seminare und ist eine gefragte Rednerin zu ihren Themen.

www.juttaheller.de

Der Illustrator

Kai Pannen studierte Malerei und Film in Köln. Seit 1990 arbeitet er als Illustrator und Trickfilmer. Ein Schwerpunkt seiner Tätigkeit ist die Buchillustration. So zeichnete er u. a. auch die Illustrationen rund um das Känguru und seine Freunde in Jutta Hellers ebenfalls im Kösel-Verlag erschienenen Büchern *Das wirft mich nicht um* und *Vertrau auf dich, du schaffst das*. Kai Pannen lebt und arbeitet in Hamburg.

www.kaipannen.de

Inhalt

Vorwort: Tierische Einsichten ins innere Team

In meinem Garten laufen Schafe, Gänse, Hühner, Pfaue und Alpakas herum. Wenn ich Pause mache, sitze ich in der warmen Jahreszeit gerne draußen und schaue einfach den Tieren zu: wie sie im Gras liegen, fressen, scharren, picken; ich höre ihre Laute, dazu das Zwitschern der Vögel in den Bäumen. Neben mir liegen dann oft meine beiden Hunde, die gestreichelt werden wollen. In solchen Momenten fühle ich mich richtig gut und gestärkt, ich bin rundum zufrieden mit mir.

Tiere sind nicht nur für mich, sondern für viele Menschen eine Kraftquelle. Wir verbinden positive Erfahrungen mit ihnen, die bereits in der Vorstellung oder Erinnerung ein Wohlgefühl auslösen. Es gibt natürlich auch eher negativ oder angstbesetzte Spezies, doch stets verbinden wir mit Tieren spezielle Qualitäten und Eigenschaften.

- **Stark wie ein Bär**
- **Flink wie ein Wiesel**
- **Schlau wie ein Fuchs etc.**

An welche Tiere denken Sie spontan und was verbinden Sie mit ihnen? Solche Überlegungen sind nicht nur ein müßiges Gedankenspiel, sondern Sie können diese Vorstellungen auch dazu nutzen, zu neuen **Einsichten über sich** selbst zu kommen und sich selbst zu stärken. In diesem Buch finden Sie zahlreiche Selbstcoaching-Übungen als Anleitung dazu.

Zudem begegnet Ihnen hier das Konzept des inneren Teams. Unsere unterschiedlichen inneren Anteile, die oft widerstrebende Impulse ausdrücken, sind uns allen vertraut:

Mehr oder weniger bewusst führen wir im Laufe eines Tages zahlreiche innere

Dialoge, wobei alles, was uns beschäftigt, auf unserer inneren Bühne verhandelt wird. Wenn wir uns die Dialogteilnehmer als inneres Team vorstellen, wird das Bühnengeschehen anschaulicher. Ein Team kann harmonisch zusammenwirken, es kann in ihm aber auch ganz schön stürmisch zugehen, sodass ein Workshop zur Teamentwicklung angesagt wäre … Besonders greifbar, verstehbar, fühlbar und sichtbar wird das, wenn Sie **Ihre inneren Teammitglieder mit Tieren assoziieren**.

Bei den Übungen dazu können Sie nichts falsch machen. Grübeln Sie nicht über die Bedeutung, sondern lassen Sie sich durch Ihre tierischen Ratgeber überraschen und inspirieren. Nutzen Sie am besten ein Notizbuch für Ihre Übungen. So können Sie Ihre Entwicklungsschritte planen und die tierischen Impulse immer wieder neu auf sich wirken lassen und dabei auftanken.

Indem Sie Ihr inneres Team besser kennenlernen, können Sie sich damit gut aufstellen. Das lässt Sie authentisch auftreten, Sie werden überzeugender und können **stark durchs Leben gehen**.

1. Stark sein

Stark sind Sie, wenn Sie mit Muskelkraft etwas bewegen, aber auch, wenn Sie etwas aushalten, für schwierige Situationen angemessene Reaktionen wählen können und wenn Sie überzeugt sind, dass Sie das, was Ihnen wichtig ist, tatsächlich tun und erreichen können. Dann sind Sie **selbstwirksam**.

Die innere Selbsteinschätzung bestimmt, wie wir in einer konkreten Situation fühlen, denken, uns motivieren und letztlich handeln. Diese innere Einschätzung bleibt jedoch nicht konstant gleich. Unbewusst prüfen wir ständig, welche Erwartungen – durch unsere Mitmenschen, durch die Umwelt – an uns gestellt werden und welche Handlungsmöglichkeiten uns dafür zur Verfügung stehen. Wenn wir entscheiden, dass »alles easy« ist, können wir souverän mit der Situation umgehen. Wenn uns jedoch in dem Moment ein winziger Zweifel befällt, ob wir für die Herausforderung gut aufgestellt sind, beginnt unsere Stärke möglicherweise zu bröckeln. **Wir müssen aber nicht immer stark sein.** Es ist völlig okay, auch mal schwach zu sein. Grundsätzlich wäre es aber gut, wenn wir dann einfühlsam mit uns selbst klären, was wir brauchen, was uns guttäte. Das hilft, um (wieder) voller Energie und authentisch – also stark – auftreten zu können.

Sehr oft schwächt uns ein Ungleichgewicht in unserem inneren Team, das wir uns ähnlich wie ein Arbeits- oder Sportteam vorstellen können. Wie im »wirklichen Leben« gibt es darin Anführer, Mitspieler und auch Ersatzspieler. Nicht jedes Teammitglied ist gleich aktiv und gleich wertgeschätzt. Manchen Teammitgliedern wird einfach nicht zugehört, sie sollen nur ihre Arbeit machen und nicht stören. Andere werden bevorzugt: Um »gut zu funktionieren«, schicken zum Beispiel viele Menschen ihren »Perfektionisten« nach vorne, auch wenn die Situation es erfordern würde,

mal »Fünf gerade sein zu lassen«. So entstehen Spannungen, was uns auf Dauer nicht guttut und uns schwächt.

Dementsprechend ist es eigentlich ganz einfach, wie Sie sich stärken können:

1. **Kommen Sie sich selbst etwas mehr auf die Schliche.** Seien Sie neugierig, Ihre inneren Teammitglieder genauer kennenzulernen.
2. **Nehmen Sie Ihre inneren Dialoge genauer wahr,** sodass Sie zunehmend mehr Verständnis und Akzeptanz für die unterschiedlichen Bedürfnisse Ihres inneren Teams entwickeln.
3. **Falls dabei kreative, vielleicht überraschende Impulse auftreten,** lassen Sie sich ruhig darauf ein! Probieren Sie daraus folgende neue Verhaltensmöglichkeiten gedanklich und praktisch aus, um so Ihr Verhaltensrepertoire zu vergrößern und mehr Wahlmöglichkeiten zu haben.

In den folgenden Kapiteln finden Sie zahlreiche Übungen, wie Sie Ihr inneres Team anhand von Tierassoziationen besser kennenlernen und für Ausgleich sorgen können, sodass Sie sich noch mehr zutrauen und überzeugend sagen:

»Ich bin stark, für meine Herausforderungen bin ich gut aufgestellt.«

2. Tiere als Vorbilder und Ratgeber

Die Verwendung von Tiersymbolen hat eine lange Tradition. Tierzuschreibungen werden genutzt, um Wesenszüge, Eigenarten und Fähigkeiten von Menschen pointiert darzustellen:

- **Kuschelbär, Schmusekatze** für Menschen, die gern die Nähe zu anderen suchen
- **Frechdachs** für ein übermütiges, vorwitziges Kind
- **Störrischer Esel** für Zeitgenossen, die nicht leicht zu lenken sind bzw. die sich abgrenzen
- **Glucke** für eine sehr fürsorgliche Mutter
- **Alter Hase** für einen erfahrenen Kollegen
- **Das beste Pferd im Stall** für die beste Mitarbeiterin
- **Verrücktes Huhn, schräger Vogel** für einen übermütigen, ungewöhnlichen Menschen

Diese Beschreibungen können einzelne Aspekte sehr genau auf den Punkt treffen und damit schneller deutlich machen, welche besondere Qualität das Verhalten eines Menschen ausmacht. Hilfreich ist jedoch zu prüfen, was in der Beschreibung steckt. Stur wie ein Esel bedeutet nicht nur, dass ein Esel ohne Rücksicht auf Verluste das tut, was er will, sondern auch, dass er einfach stehen bleibt, wenn ihm zu viel Gewicht aufgeladen wird. Er weiß sehr genau, was ihm guttut und was zu viel wäre.

In diesen Beschreibungen stecken also Bewertungen, die nicht immer schmeichelhaft sind, aber sie treffen oft einen inneren Kern. **Vergleiche mit Tieren fallen leicht und werden sofort verstanden:** »Ich sollte mal laut wie ein Löwe brüllen, um meine Meinung zu sagen, ich sollte meine Krallen ausfahren und meine Zähne zeigen.« Mit solchen Beschreibungen wird Tieren eine Vorbildfunktion zugesprochen. Im übertragenen Sinn stellt man sich wie in einem schamanischen Ritual vor, man sei wie das Tier, als würde man in die Haut des Tieres hineinschlüpfen und damit all seine Fähigkeiten und Verhaltensweisen übernehmen.

In Bezug auf die Arbeit am inneren Team dienen die Tiermetaphern als Bausteine, um unsere Wirklichkeit auf eine neue Art zu konstruieren. Sie regen uns an, anders über eine Situation nachzudenken, bisherige gedankliche Einbahnstraßen oder auch Sackgassen zu verlassen. Die Tiermetaphern reduzieren zudem die Komplexität der Welt und schaffen so einen Rahmen für Wahrnehmung und Erkenntnis. Sie können so »Ratschläge« für klar akzentuierte Verhaltensoptionen geben.

Entscheidend ist dabei nicht, dass wir die Tiere biologisch korrekt beschreiben. Ein »eitler Pfau« ist nicht eitler als ein Spatz, eine Löwin nicht selbstbewusster als ein Gnu. Wir projizieren in unserer Vorstellung Menschliches auf die Tiere. Über den kleinen tierischen Umweg fällt es uns leichter, Sehnsüchte, aber auch ungeliebte Eigenschaften und negativ bewertete Verhaltensweisen anzunehmen oder sogar einmal völlig aus unserer normalen Rolle zu fallen.

Kurzum: Tiere erzeugen neue Sichtweisen und Interpretationsmöglichkeiten für unsere menschlichen Probleme.
Und so können wir leichter, spielerisch und mit Spaß passende Lösungen finden.

3. Auswahlliste der Tiere

Die folgende Liste soll Ihnen als Basis für die Selbstcoaching-Übungen im Buch dienen.

Sie finden hier in alphabetischer Reihenfolge rund 70 Tiere, die sich in der praktischen Klärungsarbeit mit Kindern und Erwachsenen bereits bewährt haben. Es sind Tiere aus verschiedenen Tierklassen (Säugetiere, Vögel, Insekten) dabei, aber auch der mythische Drachen. **Fühlen Sie sich aber frei, die Liste mit anderen für Sie relevanten Tiere zu ergänzen.**

So gehen Sie jeweils vor:

1. In den folgenden Kapiteln finden Sie genaue Übungsbeschreibungen.
2. Um das Tier bzw. die passenden Tiere für die jeweilige Übung zu finden, sollten Sie sich innerlich auf die gestellte Aufgabe konzentrieren.
3. Dann gehen Sie die Liste durch und prüfen, welches Tier Sie intuitiv in dieser Situation anspricht. Dabei hilft, wenn Sie laut oder leise den Tiernamen aussprechen, sich das Tier konkret vorstellen und dem kurz nachspüren.

Lassen Sie sich überraschen!

Adler
Affe
Ameise
Bär
Biber
Biene
Büffel
Chamäleon
Delfin
Drache
Eichhörnchen
Eisbär
Elefant
Esel
Eule
Fisch
Fledermaus
Frosch

Fuchs
Gans
Gepard
Giraffe
Gorilla
Hai
Hase
Hirsch
Huhn
Hund
Igel
Kamel
Känguru
Katze
Kolibri
Krebs
Krokodil

Kuh
Lamm
Löwe
Maus
Möwe
Nashorn
Nilpferd
Papagei
Pfau
Pferd
Pinguin
Puma
Rabe
Reh
Schaf
Schildkröte
Schlange

Schmetterling
Schnecke
Schwan
Schwein
Seepferd
Skorpion
Spinne
Steinbock
Stier
Strauß
Tiger
Wal
Walross
Wildschwein
Wolf
Ziege
Ziegenbock

4. So sehe ich mich aktuell

Wie zufrieden sind Sie mit Ihrer aktuellen Lebens- und Arbeitssituation? Passt alles oder verspüren Sie leichte Unzufriedenheit oder Veränderungsimpulse? Wenn wir in unseren üblichen Alltagsroutinen feststecken, ist es gar nicht so leicht, hilfreiche konkrete Ideen zur Veränderung zu entwickeln. Genau hier können Sie anfangen, mit den »tierischen Impulsen« zu arbeiten.

Zum Beispiel klagte eine Freundin immer wieder über ihre aktuelle Arbeitssituation. Ich fragte sie, als welches Tier sie sich selbst in dieser Situation empfinden würde. Sie wählte ein Nilpferd, das im Wasser abtaucht, sodass nur die Nasenlöcher und die Augen zu sehen sind. Wichtig war ihr, dass das Nilpferd ein sehr gefährliches Tier ist, das jederzeit wieder auftauchen, sein Maul aufreißen und laut brüllen kann. Als meine Freundin sich diese typischen Verhaltensweisen bewusst machte, war ihr die Ähnlichkeit zu ihrer Situation schlagartig deutlich. Sie sagte: »Genauso ist es bei mir. Ich bin eigentlich ständig in Lauerstellung. Wenn ich dann ›auftauche‹ – in einem Meeting, beim Chef –, werde ich richtig laut und irritiere mein Umfeld. Gut wäre, wenn ich früher reagieren würde, damit ich angemessen sagen kann, was mir wichtig ist.«

Mit dieser Erkenntnis fiel es ihr leicht, konkret die Personen zu bestimmen, mit denen sie ein Gespräch führen und für sie wichtige Themen besprechen wollte. Sie nahm sich zudem vor, sensibler auf ihre eigenen Bedürfnisse zu achten und frühzeitig Unstimmigkeiten anzusprechen.

Welches Tier würden Sie wählen, wenn Sie sich selbst aktuell beschreiben würden?

Vermutlich fiel es Ihnen schwer, nur ein Tier auszuwählen. Natürlich sind Sie nicht immer uneingeschränkt so, sondern dieses Tier steht allein für eine Seite in Ihnen. Sie haben ganz sicher auch andere interessante, attraktive und liebenswerte Anteile. Grundsätzlich ist es jedoch hilfreich, ganz bewusst unsere Wahrnehmung mal nur auf einen Anteil in uns zu richten, um klarer zu verstehen, was aktuell für uns Priorität hat. Oft können wir dann bereits mit kleinen Veränderungen für mehr Stabilität und Stärke sorgen.

Dieser Prozess kann sehr spannend sein. Viel Vergnügen dabei!

Übung

1. Denken Sie an Ihre aktuelle Lebenssituation im privaten und beruflichen Kontext. Wenn Sie alles zusammennehmen, wie geht es Ihnen dann?
2. Schauen Sie sich die Liste mit den Tieren an. Wenn Sie sich Ihre Lebenssituation bewusst machen, welches Tier passt zu Ihrer aktuellen Situation?
3. Suchen Sie sich drei Aspekte aus, die dieses Tier in Ihrer Wahrnehmung auszeichnen und notieren Sie diese Verhaltensweisen oder Eigenschaften.
4. Wenn Sie diese Aspekte auf Ihre aktuelle Lebenssituation übertragen, was bedeutet das für Sie? Welche Warnungen oder Empfehlungen stecken darin?
5. Bitte entscheiden Sie, welche Aspekte Sie verändern oder verstärken wollen.

5. So möchte ich sein

Mein persönliches Ideal ist das Känguru. Es hüpft scheinbar leicht, aber stetig durchs Leben, boxt sich notfalls durch und kann auch mal entspannt »abhängen«. Damit baut es immer wieder einen Zustand des Wohlbefindens auf, der ihm hilft, kraftvoll und flexibel auf seine Umgebung zu reagieren.

Diese Qualitäten wünsche ich mir für unterschiedlichste Lebenslagen. Ich wäre dann ausdauernder beim Bergwandern und flexibel beim Argumentieren, vor allem, wenn ich etwas nicht will. Wenn Dinge nicht gut laufen, könnte ich sie kraftvoll und effizient regeln – und das natürlich immer. Ja, so möchte ich gerne sein.

Diesem Idealbild entspreche ich manchmal, aber nicht andauernd. Wir müssen uns immer bewusst sein: »Es ist, wie es ist.« Wir können jedoch Impulse aus unserem Idealbild nutzen. Denn wenn ich mich dafür entscheide, kann ich meine Ausdauer trainieren. Ich werde zwar keine Himalaja-Bezwingerin werden, aber auf den nächsten Berg und vielleicht auch über die Alpen komme ich allemal.

Wenn Sie nun für sich sagen: »So möchte ich sein«, welches Tier fällt Ihnen ein? Sie können Ihr Lieblingstier wählen oder sich von den Tieren auf der Liste inspirieren lassen.

Übung

1. Wählen Sie ein Tier für Ihr Idealbild aus.
2. Welche Qualitäten verbinden Sie mit diesem Tier?
3. Lassen Sie Ihre Notizen auf sich wirken.
4. Welche Gedanken, welche Impulse tauchen in Ihnen auf?
5. Was schließen Sie aus Ihren Impulsen?

Solche Impulse sind wertvoll, vor allem wenn Herzenswünsche damit verbunden sind. (Damit sind jedoch nur Wünsche gemeint, die Sie selbst angehen können. Wenn Sie allein darauf hoffen, Wünsche von anderen erfüllt zu bekommen, dann sind das nur fromme Wünsche.)

Eine Bekannte erzählte mir, dass sie Medizin studiert hatte, damit aber nicht glücklich war. Sie entschied sich stattdessen für eine umfassende Ayurveda-Heilausbildung in Indien. Als sie das erzählte, leuchteten ihre Augen. Sie hatte ihren **Herzenswunsch** gefunden und alles in die Wege geleitet, damit er für sie möglich wurde.

Unser Leben lang werden wir auf dem Weg sein. Veränderungen gehören dazu. Ob wir unser Idealbild je erreichen, das ist offen. Daher empfehle ich Ihnen diesen Satz:

»Ich liebe und schätze mich, so wie ich bin … auch wenn ich (in Bezug auf …) unperfekt bin und vielleicht auch bleibe.«

Vielleicht möchten Sie diesen Satz noch etwas umformulieren, sodass er zu Ihrem Sprachstil passt. Am besten prüfen Sie Ihren Satz, indem Sie ihn laut aussprechen. Nehmen Sie jedoch bitte nur wenig »Weichspüler«.

Entscheidend ist, dass Sie anfangen, sich so anzunehmen, sich zu lieben, so wie Sie sind – mit all ihren Schokoladen- und auch Schattenseiten.

6. So unterschiedlich kann ich sein

Es gibt Menschen, die zeigen sich im ersten Moment sehr hilfsbedürftig, wehren aber, wenn ihnen Hilfe angeboten wird, unwirsch ab: »Ich komm schon allein zurecht.« Das sind unterschiedliche innere Anteile, die in diesen Momenten aktiv werden. Vielleicht kennen Sie das bei sich auch: Ein Teil in uns möchte Unterstützung, ein anderer Teil will stark sein und ja keine Schwäche zeigen. Wenn sich solch unterschiedliche Bedürfnisse melden, dann fühlen wir uns innerlich zerrissen und unter Druck. Zu Recht, da es viel Kraft und Energie braucht, diese unterschiedlichen Anteile zusammenzuhalten.

Stark und überzeugend sind wir dann, wenn wir die unterschiedlichen inneren Regungen in uns zulassen und leben können. In einzelnen schwierigen Situationen können wir unseren unterschiedlichen Stimmen jeweils einen tierischen Stellvertreter zuordnen und sie dann jeweils um ihren Ratschlag bitten. Diese Ratschläge können wir dann in aller Ruhe und mit etwas Abstand besser hören und gegeneinander abwägen, sodass wir zu einer Entscheidung kommen können, die uns wirklich gerecht wird.

Eine Freundin nutzte die folgende Übung, um sich in einer schwierigen Lebensphase Klarheit zu verschaffen. Sie wählte so disparate Tiere wie Adler, Bär, Biene, Delfin, Elefant, Löwe und Schmetterling, was bereits darauf hindeutet, dass sie ganz unterschiedlich agieren würde, je nachdem, welcher Stimme sie stärker folgen würde. Entscheidend und klärend waren für sie drei Stimmen, die eher ihre Möglichkeiten und Fähigkeiten als ihre Selbstzweifel betonten und deren Ratschlag sie zu folgen beschloss.

Sie können die Übung auf ganz unterschiedliche Fragestellungen anwenden, jedoch empfehle ich Ihnen, sich zuerst einmal Ihr derzeitiges Leben für einen bestimmten Zeitraum in seiner Gesamtheit genauer anzuschauen.

Mit der Übung können Sie einen Überblick darüber gewinnen, welche inneren Anteile im Moment in Ihnen wirken und entscheiden, welche der Ratschläge Sie in Ihrem derzeitigen oder kommenden Lebensabschnitt befolgen wollen.

Denn letztendlich sind Sie verantwortlich und die Führungskraft für Ihr eigenes Leben!

Übung

1. Legen Sie einen Zeitraum fest, für den Sie diese Übung machen wollen.
2. Machen Sie sich bewusst, was bei Ihnen gerade los ist – beruflich und privat. Sicherlich gibt es schon einige bereits geplante Projekte oder Urlaube und zu erledigende Aufgaben.
3. Wenn Sie einen ungefähren Überblick notiert haben, nehmen Sie sich die Tierliste vor. Wählen Sie fünf bis sieben Tiere aus. Entscheiden Sie intuitiv, welche Tiere für Sie passen.
4. Notieren Sie im nächsten Schritt die für Sie wichtigen Qualitäten, die besonderen Eigenschaften und Verhaltensweise dieser Tiere.
5. Lassen Sie diese auf sich wirken. Was ist der konkrete Rat der Tiere für Ihr derzeitiges Leben? Notieren Sie sich jeweils einen Satz.
6. Wenn Sie sich die Ratschläge der Tiere bewusst machen, welche entscheidenden Schlüsse ziehen Sie für sich selbst?

7. So fühle ich mich … manchmal

Manchmal gibt es Situationen, wo wir eigentlich mutig sein wollen, uns innerlich jedoch eher klein, schüchtern oder gar ängstlich fühlen. Zu unseren verschiedenen inneren Anteilen gehören eben auch unterschiedliche Gefühle. Hilfreich für die persönliche Entwicklung und innere Stärke ist, wenn Sie auch die eher unangenehmen Gefühle wahrnehmen und zulassen. Sie gehören zu unserem Leben dazu. **Wenn Sie unangenehme und belastende Gefühle annehmen, so werden sie sich**

Übung

1. Bestimmen Sie ein Gefühl, das Sie mehr annehmen wollen (z. B. »Ich fühle mich traurig.« »Ich fühle mich beunruhigt.«).

2. Bestimmen Sie die wesentlichen Komponenten dieses Gefühls.

- Hat ihr Gefühl mit etwas in der Vergangenheit, Gegenwart oder Zukunft zu tun?
- Empfinden Sie sich dabei als angetrieben/hektisch oder eher als verlangsamt/ruhiggestellt?
- Sind Sie eher aktiv an dem Thema beteiligt oder fühlen Sie sich eher passiv?
- Wie intensiv empfinden Sie Ihr Gefühl, schwach, mittel oder stark?
- Nehmen Sie eher kleinere Aspekte des Themas wahr oder fokussieren Sie auf die gesamte Situation?
- Bewerten Sie die Situation, die mit Ihrem Gefühl zusammenhängt, als notwendig (ich muss), möglich (ich kann), unmöglich (ich kann nicht) oder wünschenswert (ich will/will nicht)?

3. Wählen Sie ein Tier aus, das zu Ihrem Gefühl passt. Was konkret würde dieses Tier von Ihnen brauchen, damit es sich wohl fühlt? Stellen Sie sich konkret vor, was Sie für das Tier tun und wie es auf Sie reagiert.

allmählich in solche verwandeln, die befriedigender oder nützlicher für die augenblickliche Situation sind. Hilfreich ist, sich die verschiedenen Komponenten eines Gefühls genauer bewusst zu machen. Damit nehmen wir eine Beobachterperspektive uns selbst gegenüber ein, wodurch Gefühle klarer und greifbarer und damit auch veränderbar werden.

Bei stärkeren Gefühlen sollten Sie sich Zeit lassen. Sie können die Übung auch mehrfach wiederholen. Nach einiger Zeit können Sie zusätzlich anfangen, mit den Gefühlskomponenten zu experimentieren. Wenn z. B. Ihr Gefühl mit der Vergangenheit zu tun hat, wie würde es sich verändern (abschwächen, neutralisieren o. ä.), wenn Sie sich mehr auf die Gegenwart oder die Zukunft fokussieren?

Für diese länger anhaltenden Gefühlsprozesse habe ich mir zusätzlich ein Unterstützer-Tier ausgewählt, das mich schon lange begleitet: Es ist eine Eule. In meiner Vorstellung kann sie mir zuhören, sie hat rundum Überblick und weiß, was mir guttut. Und wenn ich dann wieder so richtig »in die Gänge kommen« will, fokussiere ich mich auf das Känguru, das mit seiner Sprungkraft und Flexibilität ein hervorragendes Vorbild abgibt.

Schauen Sie doch mal, welches Unterstützer-Tier Ihnen in schwierigen Gefühlslagen Stabilität oder Flexibilität geben könnte!

8. So kann ich mein Tempo wählen

Das innere Team kann auch aus dem Gleichgewicht geraten, wenn die inneren Anteile in unterschiedlichem Tempo unterwegs sind. Oder ihr Tempo ist der jeweiligen Situation nicht angemessen. Ein hohes Tempo kann natürlich Vorteile haben, weil wir dann mithalten können und in dieser Leistungsgesellschaft dazugehören. Wenn wir aber ständig auf Hochtouren laufen, sind wir schnell erschöpft oder überdrehen.

Schauen Sie sich mal kritisch an, welche Tiere Sie bei den bisherigen Übungen ausgewählt haben. Welches Tempo verbinden Sie mit diesen Tieren? Bei einer Schnecke ist unsere Bewertung vermutlich klar – ebenso bei einem Rennpferd oder einer Gazelle. Haben Sie eher gefährliche, hocheffektive Raubtiere, schnelle Fluchttiere oder bedächtige, ruhesuchende Tiere ausgewählt? Sie können mit der folgenden Übung das Tempo Ihrer inneren Anteile bestimmen und sehen, ob es für Ihre derzeitige Lebenssituation passt oder was Sie ändern wollen.

Ein Kunde wählte zur Beschreibung seiner Lebensbereiche ein langsam-bedächtiges Chamäleon, einen schnell auf und ab hüpfenden Affen, eine gemächlich schreitende Giraffe, eine umhersummende Biene, eine dahingleitende Eule, einen langsam watschelnden Pinguin, der aber durchs Wasser schnellt, sowie einen tanzenden Schmetterling. Für ihn war die eher langsamere Gangart der Tiere passend,

Übung

1. Wie zufrieden sind Sie mit Ihrem aktuellen Lebenstempo?
2. In welchem Lebensbereich – beruflich oder privat – würden Sie gerne Ihr Tempo verändern? Wie soll es sein?
3. Listen Sie nun für diesen Lebensbereich Ihre zentralen Tätigkeiten auf. Das können durchaus sieben bis acht Aspekte sein.
4. Wählen Sie für jeden Aspekt ein Tier mit passendem Grundtempo aus. Notieren Sie die Art der Fortbewegung und das Tempo (z. B. schreiten, hüpfen, watscheln, schweben, schwingen, tanzen – bedächtig, ruhig, pfeilschnell).
5. Prüfen Sie Ihre Tempobeschreibungen. Entdecken Sie Ähnlichkeiten und Unterschiede. Nutzen Sie Ihr Bauchgefühl, um Unstimmigkeiten zu entdecken. Vielleicht sollten Sie in einzelnen Bereichen schneller oder langsamer vorgehen …
6. Wenn einzelne Aspekte Ihren idealen Rhythmus stören bzw. Sie aus dem Takt bringen, entwickeln Sie Ideen und entscheiden Sie, was Sie wie verändern wollen.

Tempowechsel sind spannend und bringen Würze ins Leben. Probieren Sie es aus.

nur der Affe und der Pinguin störten sein Taktgefühl. Der Affe symbolisierte Aufgaben, die ihm unangenehm waren, sodass er sie aufschob und dann überstürzt wieder voranzubringen versuchte. Der Pinguin stand für Projekte, für die er zunehmend kurzfristig angefragt wurde. Seine Aufgaben begann er nach unserem Coaching neu zu strukturieren und langfristiger zu planen. Bei den Projekten entschied er, klare Grenzen zu setzen und auch mal Nein zu sagen. Sein Gesamtlebenstempo beschrieb er mit diesen Veränderungen als beschwingten Wiener Walzer. Bei der Vorstellung strahlte er über das ganze Gesicht …

9. So bespreche ich mich im inneren Team

Auch für ein inneres Team ist effektive Kommunikation das A und O. Angenommen, Sie haben das Gefühl, dass sie sich über einen Aspekt in Ihrem Leben nicht im Klaren sind oder dieser nicht rund läuft. Dann könnten Sie Ihr inneres Team zu einer Besprechung einladen. Ein Freund ließ sich auf dieses Experiment ein, um seine kraftraubende Arbeitssituation genauer unter die Lupe zu nehmen. Er wählte einen Adler, ein Walross, einen Schmetterling und einen Esel als Stellvertreter für seine inneren Anteile. Zuerst meldete sich der Adler zu Wort: »Ich schwing mich einfach in die Luft und bring Abstand rein.« Der Esel war damit nicht einverstanden: »Ich muss aber hier unten bleiben und weiter ackern.« Die Aussage ärgerte das Walross: »Du kannst doch auch einfach mal Pause machen.« Als Kommentar schnaubte der Esel nur. Und der Schmetterling schwieg.

Da war ganz schön was los in diesem inneren Team. Ähnlich wie im echten Leben reden einige sehr viel und andere sagen gar nichts. **Wenn wir aber innerlich nicht im Reinen sind, kommunizieren wir auch nach außen vage, unklar und widersprüchlich, je nachdem, welcher innere Teil gerade aktiv ist.**

Für andere Menschen werden wir in solchen Phasen unberechenbar und anstrengend. Innere Klärungen mit den verschiedenen Anteilen lohnen sich.

Diese Übung war für meinen Freund anstrengend, da ihm bewusst wurde, wie er sich mit den gegensätzlichen Impulsen immer mehr unter Druck setzte. Der von ihm gewählte Schmetterling repräsentierte seine Kreativität. Diesen als stumm zu erleben, machte ihn traurig. Letztlich beschloss mein Freund, seinem Walrossanteil mehr Pausen zu gönnen. Esel und Schmetterling konnten eine Kooperation aufbauen. Diese Lösung stellte für meinen Freund einen sehr zufriedenstellenden Kompromiss dar.

Übung

1. Entscheiden Sie sich, welches Thema Sie mit Ihrem inneren Team genauer klären wollen.
2. Prüfen Sie die Liste der Tiere und wählen Sie drei bis fünf Tiere aus.
3. Beschriften Sie kleine Karten mit den Tiernamen. Legen Sie am besten die Karten auf einem Tisch im Kreis aus, sodass sich die Tiere gegenseitig ansehen.
4. Machen Sie sich Ihr Thema bewusst und konzentrieren Sie sich auf die Tiere. Wer meldet sich zuerst zu Wort? Wer antwortet? Möglichst jedes Tier sollte mindestens einmal etwas sagen. Notieren Sie sich diese Aussagen.
5. Machen Sie sich jede Aussage nochmals bewusst. Welche Gefühle kommen dabei hoch?
6. Identifizieren Sie die Hauptkontrahenten. Prüfen Sie, was jedes dieser Tiere für Sie Gutes tun will.
7. Schauen Sie nochmal all die Tiere im Kreis an. Wenn Sie sich nun auf die Qualitäten der Tiere einlassen, welche Lösungsmöglichkeiten entstehen?

Lassen Sie sich für diese Übung ausreichend Zeit. Sie sollten Ihrem inneren Team damit ein klein wenig mehr auf die Schliche kommen.

So erkennen Sie Ihre inneren Bedürfnisse und fangen an, sich mit Ihrer Art des Auslebens dieser Bedürfnisse zu stärken.

10. So zähme ich meine inneren Antreiber

Antreiber sind meist recht durchsetzungsstarke Teilnehmer des inneren Teams. Es handelt sich bei ihnen um verinnerlichte Verhaltensregeln aus unserer Kindheit, die sicherstellten, dass unsere Bezugspersonen uns liebten und akzeptierten. Diese tiefsitzenden Überzeugungen haben oft einen großen Einfluss auf unser Denken, Fühlen und Verhalten, auch als Erwachsene. Es gibt fünf zentrale Antreiber:

1. Ich bin o.k., wenn ich **perfekt** bin.
2. Ich bin o.k., wenn ich **stark** bin.
3. Ich bin o.k., wenn ich **gefällig** bin.
4. Ich bin o.k., wenn ich mich **anstrenge**.
5. Ich bin o.k., wenn ich mich **beeile**.

Wenn wir diese »selbstgesetzten Standards« nicht erreichen, fühlen wir uns unwohl bzw. einfach »nicht o.k.«. Starke innere Antreiber führen zu Perfektionismus, einseitiger Leistungsorientierung, mangelnde Grenzsetzung, Ruhelosigkeit, Vernachlässigung eigener Bedürfnisse etc.

In solchen Mustern stecken aber auch Ressourcen und Stärken. Ideal wäre, wenn Sie sich frei entscheiden können, ob und wie weit Sie in einer Situation Ihrem Antreiber folgen wollen oder ob Sie lieber mit anderen Stimmen aus Ihrem inneren Team ein »Gegenprogramm« aufstellen wollen.

Eine Coaching-Klientin analysierte Ihre Antreiber wie folgt: Sie wählte die perfekt arbeitende Spinne, den Elefanten, der schwere Lasten trägt und fest im Leben steht, sowie die arbeitsame Ameise. Es war deutlich zu spüren, dass diese Antreiber meiner Klientin das Leben schwer machten. Als Gegenstimmen ließ ich sie entsprechende »Anti-Tiere« wählen: Der Spinne stellte sie ein Wildschwein gegenüber, das gemütlich im Schlamm herumwühlt. Für den Elefanten wählte sie als Pendant eine

Wildgans, die sich in ihrer Schar unterstützen lässt. Als Gegenspieler zur Ameise diente ein Schmetterling, der mit leichtem Flügelschlag im Sonnenlicht tanzt. Dadurch wurde ihr klar, dass sie eigentlich ein ganz anderes Lebenskonzept für sich verwirklichen wollte.

Mit jedem Mal, mit dem auch Sie ein eigenes Lebenskonzept verwirklichen, stärken Sie Ihr Selbstwertgefühl.

So machen Sie sich zunehmend unabhängig von Ihren Antreibern bzw. der Zustimmung anderer. Und so leben Sie sich, wie sie sind, und nicht nur, wie sie sein sollten.

Übung

1. Entscheiden Sie sich für einen Kontext in Ihrem Leben, z. B. Beruf, Hobby oder Familie. Welche Antreiber sind dabei in Ihnen aktiv?
2. Wählen Sie für diese Antreiber passende Tiere aus. Welche Verhaltensweisen verbinden Sie mit diesen Tieren?
3. Prüfen Sie nun, welche dieser Verhaltensweisen auch für Sie zutreffend sind und wie es Ihnen damit geht.
4. Wählen Sie nun die für Sie passenden »Anti-Tiere« aus. Welche Verhaltensweisen verbinden Sie mit diesen Tieren?
5. Wie würde sich Ihr Leben verändern, wenn Sie mehr von den Qualitäten der »Anti-Tiere« annehmen würden?
6. Was wollen Sie konkret tun, um diese Qualitäten in Ihrem Leben umzusetzen?

11. So halte ich die Balance

An manchen Tagen haben wir so viel Kraft, dass wir Bäume ausreißen könnten. An anderen Tagen fühlen wir uns kraftlos und alles wird uns zu viel. **Ideal wäre, wenn wir für all das, was wir tun wollen, ausreichend Kraft und Ausdauer zur Verfügung hätten und wenn wir einen stimmigen Wechsel zwischen Anpacken, Loslassen und Ausruhen hinbekommen würden.** Auch für dieses Ziel kann man sein inneres Team befragen.

Eine meiner Klientinnen beschrieb sich beruflich als Igel: ein ständig auf Nahrungssuche herumwuselnder Einzelgänger, der im Winter auf Sparflamme umschaltet und von seinen Fettreserven lebt. Sie fühlte sich ebenso getrieben, möglichst jeden Auftrag anzunehmen, und gleichzeitig zunehmend ausgepowert, wie ein Igel nach seinem Winterschlaf. Aus ihrem ursprünglich engagiertem Tun war zunehmend eine lästige Pflichterfüllung geworden. Lebenslust hatte in ihrem Leben nur noch wenig Platz und wenn sie sich die mal gönnte, bekam sie schnell ein schlechtes Gewissen. Kurzum: Sie fühlte sich nicht mehr in Balance.

Als Stellvertreter für ihre angestrebte »Selbstverwirklichung« konnte sie den Kolibri benennen, dem ein Känguru als Stellvertreter des »richtigen Maßes« für ihre Arbeit zur Seite stand. Für ihre Tendenz zur »Selbstvernachlässigung« wählte sie einen Maulwurf. In der Reflexion darüber konnte sie sich Schritt für Schritt auf die Entwicklung eines gesunden und energievollen »Sowohl-als-auch« von Arbeit und Selbstverwirklichung einlassen. Wie Sie selbst das umsetzen können, zeigt Ihnen die folgende Übung:

Übung

1. Verschaffen Sie sich einen Überblick über Ihre Rollen (z. B. Mutter, Tochter, Ehefrau, Freundin, Vereinsvorsitzende, Hobby-Gärtnerin, Bauherrin, Angestellte, Kollegin …)
2. Welche Ihrer Rollen strengen Sie übermäßig an? Prüfen Sie, ob Sie eine oder einige dieser Rollen abgeben können.
3. Wählen Sie eine Rolle aus, die sie beibehalten, aber verändern wollen. Welches Tier (1) mit seinen Qualitäten kann diese Rolle repräsentieren – so wie es aktuell ist?
4. So wie Sie diese Rolle bisher leben – welcher Wert kommt dadurch in Ihrem Leben aktuell zu kurz? Wählen Sie ein Tier (2) dafür und machen sie sich seine typischen Eigenschaften und Verhaltensweisen bewusst.
5. Welches Tier (3) kann das richtige Maß für Ihre zu verändernde Rolle beschreiben und welche seiner Qualitäten sind für Sie wichtig?
6. Angenommen, Sie würden Ihre Rolle weiter so leben wie bisher … Welche Auswirkung hätte das für Sie? Welches Tier (4) steht dafür mit welchen Qualitäten?
7. Bringen Sie die vier Tiere wie schon im Kapitel »So bespreche ich mich im inneren Team« in einen konstruktiven Dialog dazu, was sie voneinander lernen können. Letztlich wäre gut, wenn Sie eine kooperative Vereinbarung für ein gutes Zusammenleben erreichen.
8. Übertragen Sie die tierischen Lösungen auf Ihre Lebenswelt.

12. So setze ich Grenzen

Sicher kennen Sie Situationen, in denen Sie das Gefühl haben, andere Menschen rücken Ihnen zu sehr auf die Pelle. Und manches geht uns einfach »unter die Haut«.

Prüfen Sie mal, wieviel Platz um Ihren Körper herum Sie als »Ihren Raum« beanspruchen. Bei den meisten Menschen sind das mindestens 40 bis 50 Zentimeter um sie herum, am besten eine Armlänge.

Übung

1. Gegenüber welchen Menschen wollen Sie sich mehr abgrenzen?
2. Finden Sie heraus, wie Sie selbst dazu beitragen, dass diese Person Ihre Grenzen strapaziert.
3. Welche Tierhaut könnte Ihnen als Schutzhülle dienen, sodass Sie nur so viel durchlassen, wie Ihnen gerade guttut? – Experimentieren Sie gedanklich mit verschiedenartigen Schutzhüllen (oder tierischen Abwehrreaktionen) und den dadurch möglichen neuen Verhaltensweisen. Achten Sie dabei auf Veränderungen Ihrer Körperhaltung, Atmung, Gedanken und Gefühle.
4. Überlegen Sie, wann Sie der Person wieder begegnen werden. Stellen Sie sich vor, wie Sie die Situation anders gestalten.
5. Gehen Sie gedanklich noch ein paar Tage weiter in die Zukunft und »erinnern« Sie sich, wie Sie erfolgreich die Situation gemeistert haben.
6. Kommen Sie gedanklich in die Gegenwart zurück. Planen Sie Ihre Schritte, damit Sie sich in der konkreten Situation erinnern, dass Sie sich anders verhalten und sich mehr abgrenzen werden.

Nur uns nahestehende Menschen lassen wir näher an uns heran. **Klare Grenzsetzung ist also ein wichtiges Thema,** aber manchmal fällt es schwer, das passende Maß für Zulassen bzw. Abgrenzen zu finden.

Manchen Menschen können wir selbstverständlich auf Augenhöhe begegnen und dabei klar benennen, was wir wollen und was nicht. Wenn wir uns jedoch unterlegen und damit innerlich nicht stark genug fühlen (z. B. gegenüber dem Chef oder wenn wir kritisiert werden), dann überlassen wir den anderen mehr Raum, indem wir z. B. zunehmend passiv werden und damit den anderen seinerseits einladen, aktiver zu werden. Unser inneres Team verstummt in solchen Momenten oder macht uns zusätzlich ein schlechtes Gewissen mit Kommentaren wie »Du solltest dich wehren. Sag was! Tu was!«.

Für solche Situationen können wir uns gedanklich stärken, indem wir uns einen **Schutzanzug imaginieren**.

Achten Sie auf die kleinen Veränderungen, sodass Sie zunehmend souverän Ihre Grenzen setzen können.

Wie wäre es, wenn Sie sich bei solchen Gelegenheiten gedanklich mit einem Echsenpanzer, einem weichwärmendem Alpakafell oder mit einem schillernden Federkleid bekleiden würden? Dann könnten Sie einiges von sich abhalten oder gar die Aufmerksamkeit umlenken – und sich souverän verhalten.

Auch bei **Abwehrreaktionen von Tieren** könnten Sie Anleihen nehmen. Ein Freund wählte mit breitem Grinsen ein Stinktier als Schutz. Allein mit dem Gedanken an die mögliche Wirkung des Stinktiers veränderte er seine Körperhaltung und konnte souverän den Konflikt klären.

13. So werde ich mit mir einig

Wie gehen Sie vor, wenn Sie große Entscheidungen treffen wollen?
Viele Menschen fangen dann an zu grübeln und wechseln dabei innerlich ständig die Perspektive, ohne zu einem Ergebnis zu kommen. Soll ich, soll ich nicht? Wäre doch schön, aber…
Eine starke Ausstrahlung haben wir in solchen Phasen nicht. Besser ist es in solchen Situationen, das innere Team einmal an einen Tisch zu laden und gemeinsam zu überlegen, welche Entscheidung man treffen will.

Eine Klientin stand vor der Entscheidung, ob sie ein großes Projekt fortführen oder abgeben sollte. Sie wählte sich zuerst Repräsentanten, die gegen eine Fortführung des Projekts sprachen.
Das waren ein wendiger und bunt schillernder Kolibri, ein gradliniges, robustes Nashorn sowie eine Schlange, die überall ein Schlupfloch fand und gerne in der Sonne badete. Dann suchte sie sich Tiere, die für die Fortführung des Projekts sprechen sollten. Das waren eine emsige Ameise, ein umherspringendes Eichhörnchen sowie ein Elefant, der immer wieder zum gleichen Wasserloch geht.

In der Reflexion der gewählten Tiere und ihrer Qualitäten wurde die Entscheidung schnell klar: Die Fortführung des Projekts würde bedeuten, weiter wie die Ameise Lasten zu tragen, ständig wie ein Eichhörnchen zu neuen Themen zu springen und wie der Elefant ohne Veränderung beim Gleichen zu bleiben. Bei der Vorstellung, das Projekt abzugeben, fühlte die Klientin Lebensfreude wie ein umherschwirrender Kolibri. Ihr wurde bewusst, dass sie die Veränderungen wie das Nashorn langsam angehen konnte. Wie die Schlange konnte sie sich in den entstehenden Freiräumen neue Möglichkeiten schaffen und für sich selbst sorgen.

Auch Sie können so zu Entscheidungen finden. Die folgende Übung hilft dabei:

Übung

1. Welche Entscheidung steht bei Ihnen an?
2. Während Sie an eine Entscheidungsmöglichkeit denken (z. B. ich führe das Projekt fort), wählen Sie drei Tiere aus der Liste aus, die Sie notieren können. Gehen Sie die Liste ein zweites Mal durch und fokussieren Sie sich innerlich auf die Alternative (z. B. ich gebe das Projekt ab), um auch dafür drei Tiere auszuwählen.
3. Konzentrieren Sie sich nacheinander auf die sechs Tiere und notieren Sie zu jedem drei Eigenschaften oder Verhaltensweisen, die Sie mit diesem Tier verbinden. Denken Sie bei diesem Schritt möglichst nicht an Ihre Entscheidung. So bekommen Sie ein objektives Beraterteam.
4. Übertragen Sie nun die tierischen Qualitäten auf Ihre persönliche Situation. Nutzen Sie die für Sie wichtigsten Tiereigenschaften. Was ist Ihr Resümee für die eine und für die andere Wahlmöglichkeit?
5. Wägen Sie nochmal ab. Welche Seite zieht Sie an und wird Ihnen letztlich Lebensglück bereiten?

Wenn Sie sich entschieden haben: Trauen Sie sich, entscheidungsstark und konsequent nach außen aufzutreten. Es lohnt sich!

14. So wachse ich durch meine Geschichte

Wenn wir auf unser Leben zurückblicken, können wir uns wichtige Veränderungen und Lernerfahrungen bewusst machen, die wir bereits gemeistert haben. Und wenn wir mit all diesen Erfahrungen in die Zukunft blicken, können wir uns zuversichtlich weiteren Herausforderungen stellen. Unser inneres Team war und ist in solchen Veränderungsphasen natürlich auch in unterschiedlichen Zusammensetzungen aktiv.

Eine gute Freundin wählte als Repräsentantin für ihre Schulzeit ein vergnügt umherlaufendes Huhn, das ständig Körner findet. Die stabile Phase in ihrer ersten Ehe symbolisierte ein Elefant. Danach folgte ein gravierender Einschnitt, für den eine große Schildkröte stand, die alle Angriffe an ihrem Panzer abprallen lässt und die ihr eigenes Tempo bestimmt. Für die Zeit danach wählte sie einen Büffel, der mit Durchhaltevermögen Schritt für Schritt vorangeht. Die aktuelle Situation beschrieb sie mit einer Eule, die sich mit einem Rundumblick neu orientiert. Für ihren Blick nach vorn wählte sie einen blauen Himmelsfalter sowie Delfin und Seepferdchen, die in den Wellen spielen. Diese Zukunftsassoziationen machten sie zuversichtlich, sodass sie mutiger ihre nächsten Schritte angehen konnte.

Auch Sie können sich einen Überblick auf Ihr Leben verschaffen und so Ihre inneren Anteile und Ressourcen bewusster machen.

Wenn wir uns mitten im Geschehen befinden, ist es manchmal schwierig, die Qualität und die Anforderungen einer Situation genau zu erfassen. Daher empfehle ich Ihnen, sich immer mal wieder einen kurzen Rückblick und Ausblick für das eigene Leben zu gönnen. Dann wird Ihnen sicher schnell bewusst, wo Sie nachjustieren wollen, wo Sie bestimmte Qualitäten vermissen und wie Sie diese wieder in Ihr Leben bringen können.

In kleinen Dosen können wir immer etwas verändern!

Übung

1. Nehmen Sie sich für diese Übung ein großes Blatt. Zeichnen Sie eine waagrechte Linie als Zeitachse ein. Gehen Sie gedanklich entlang dieser Zeitachse durch Ihr Leben. Ihre zentralen Erinnerungen markieren Sie mit Ihrem jeweiligen Lebensalter und einem Begriff, z. B. »Einschulung«, »Ehe«, »Berlin«.
2. Skizzieren Sie darüber Ihre persönliche Lebenslinie mit allen Auf und Abs, Einbrüchen und Höhenflügen.
3. Wählen Sie für die verschiedenen Phasen passende Tiere aus. Notieren Sie diese in Ihrer Zeichnung mit den zugehörigen markanten Qualitäten.
4. Wenn Sie nun auf die verschiedenen Lebensphasen und all die Wendepunkte zurückblicken – worauf sind Sie stolz? Was haben Sie durch Ihre Geschichte gelernt? Wie sind Sie dadurch gewachsen?
5. Blicken Sie nun nach vorne: Welche Ihrer Lernerfahrungen wollen Sie für Ihre Zukunft nutzen? Was bedeutet das für Sie?
6. Welche Tiere sollen Sie auf Ihrem zukünftigen Weg begleiten?
7. Was konkret leiten Sie aus diesen tierischen Qualitäten für Ihr zukünftiges Leben ab? Auf welche Kriterien werden Sie zur Gestaltung Ihres Alltags achten?

15. So erlebe ich mich mit anderen

Wenn Menschen zusammen kommen – egal ob im Beruf oder im Privaten – dann wird es komplex, da jeder sein inneres Team dabei hat. Und je nach persönlicher Tagesform schickt dann jeder ein Mitglied seines inneren Teams nach vorne.

Eine Klientin kam zu mir ins Coaching, da sie unzufrieden mit der Zusammenarbeit in ihrem Vereinsvorstandsteam war. Sie beschrieb sich selbst als großen indischen Elefanten, der sein Ding macht. Ihre Stellvertreterin bezeichnete sie als Bienenkönigin, die über allem thront. Ein langjähriges Vorstandsmitglied beschrieb sie als eigentlich fröhliches Rotkehlchen, das aber derzeit nicht mehr singe. Dann gab es noch eine Fledermaus, die die anderen zunehmend aufstachelte, eine emsige Arbeitsbiene, ein vergnügtes Arbeitspferd sowie ein ruhesuchendes Kamel.

Mit diesen Beschreibungen wurde der Klientin schnell klar, was sie verändern wollte. Sie hatte sich vor allem um die eigenen Sachaufgaben gekümmert und die Förderung des Teamzusammenhalts vernachlässigt. Das Rotkehlchen wollte sie wieder aktivieren. Das Bild der Fledermaus zeigte ihr, dass diese ihrem Vorstandsteam eher schadete. Sie entschied sich, aktiv den Kontakt zu suchen, um dies zu klären. »Sein Ding durchzuziehen« und die anderen machen zu lassen, ist für einen 1. Vorstand nun mal nicht genug.

Mit einer ähnlichen Selbstklärung können Sie – egal in welcher Rolle Sie sind – die für Sie zentralen zwischenmenschlichen Aspekte in Ihrer Umwelt genauer erkennen. Sie klären Ihre Art der Beziehung und erhalten Impulse, was Sie selbst für das Miteinander tun können.

Übung

1. Wählen Sie zuerst ein Tier für sich selbst aus.
2. Überlegen Sie sich, wie Sie die Menschen in Ihrer Umgebung erleben. Stellen Sie sich die Verhaltensweise jedes einzelnen vor und wie diese Person zu anderen Beziehungen aufbaut. Dann wählen Sie ein passendes Tier aus.
3. Schreiben Sie für jedes Tier eine kleine Karte. Legen Sie dann die Tierkarten in Beziehung zueinander auf dem Tisch aus. Lassen Sie sich dabei von der üblicherweise auftretenden Beziehungskonstellation leiten.
4. Welches Verhalten ist aus Ihrer Sicht typisch im Miteinander?
5. Was brauchen Sie selbst, was brauchen die anderen, damit Sie gut zusammen agieren können?
6. Was konkret wollen Sie mehr oder weniger ins »äußere Team« einbringen, damit Sie sich wohl fühlen und konstruktiv zu Erfolgen beitragen können?
7. Wenn Sie Ihr Verhalten in der Gruppe ändern würden, welche Auswirkungen hätte das und wie gefallen Sie sich dann?

16. So sehen mich andere

Bei vielen Workshops erlebe ich, dass sich Menschen scheuen, anderen direkt Feedback zu geben. Der Umweg über ein Tier wirkt dann erleichternd. Bei solchen Workshops lasse ich mir manchmal ein »tierisches« Feedback zu meiner Wirkung geben:

- **Giraffe**, die alles mit **Ruhe und Gelassenheit** überblickt
- **Schmetterling**, der die frische Luft genießt und den **Blick fürs Ganze** hat
- **Eule**, die erfahren ist und **Distanz** hält, die nicht zum Streicheln da ist

Durch solche Rückmeldungen fühle ich mich erkannt, sie bringen mich zum Schmunzeln. Manchmal sind jedoch auch Beschreibungen dabei, die ich so nicht erwartet habe. Dann kann ich überprüfen, was in meinem Verhalten diese Wirkung ausgelöst hat, ob und was ich verändern will. Andere Menschen nehmen ja meist nur einen Teil unserer Persönlichkeit wahr. Wir begegnen ihnen in einer Rolle. Manchmal macht sich jedoch auch unser innerer Kern – Elemente des inneren Teams – bemerkbar. Feedbacks finde ich sehr spannend und lehrreich. Sie sind tolle Geschenke!

Unter Freunden können wir noch weiter gehen und uns ein Entwicklungsfeedback geben lassen. Bei einer solchen Gelegenheit wurde einer Freundin zuerst eine sportlich trittsichere, aber scheue Gämse zugeschrieben. Ihr wurde empfohlen, mehr Adlerqualitäten zu entwickeln, um den Überblick zu behalten und souverän Dinge aushalten und dabeibleiben zu können. Von einer anderen Person wurde sie zuerst als Katze beschrieben, die sich nur auf leisen Pfoten bewege. Hier lautete die Empfehlung, dass sie mehr Löwenqualitäten entwickeln solle, indem sie sich auch mal auf einen großen Felsen stelle, sich zeige und bei Bedarf laut brülle.

Eine andere Freundin wurde als Känguru und als Pferd beschrieben. Beides sind

Fluchttiere. Die Empfehlungen lauteten hier unterschiedlich: Auf der einen Seite stand ein Bär, auf dessen Stärke sie vertrauen solle, auf der anderen Seite wurde ihr der Kolibri als Vorbild empfohlen, der frei und locker von Blüte zu Blüte fliege.

Wie ist das bei Ihnen?

Was meinen Sie, wie andere Sie einschätzen? Fragen Sie doch mal nach …

Übung

Fragen Sie sowohl Menschen, die Sie sehr mögen, als auch Menschen, mit denen Ihr Verhältnis nicht ganz so gut ist, nach einem Feedback. Wenn Sie mutig nachfragen, werden Sie sicher erleben, dass das auch positive Auswirkungen auf Ihre Beziehung haben wird.

1. Welches Tier fällt Dir zu mir ein? Was ist typisch für dieses Tier?
2. Welches Tier mit welchen Qualitäten oder Eigenschaften wäre hilfreich für meine Entwicklung?
3. Tauschen Sie sich aus, wie die Rückmeldung zu Ihrem Selbstbild passt. Letztlich entscheiden Sie selbst, wie Sie das Feedback als Entwicklungsimpuls nutzen wollen.

Fragen Sie nach, ob die andere Person von Ihnen auch ein solches Feedback will. Und wenn Sie die Übung in einer Gruppe machen, sollten Sie sich alle zuerst schriftlich Notizen machen und dann erst mündlich Rückmeldung geben.

17. So werde ich zur Regisseurin für mein Leben

Unser inneres Team braucht eine Regisseurin, die die innere Dynamik mit einem passenden Außenauftritt zusammenbringt. Die Aufgabe dieser Regisseurin wäre es, herauszufinden, welche Stimmen in uns aktiv sind, um dann für die jeweilige Situation eine passende Reaktion zu finden. Dabei muss sie entwirren, auch leise Stimmen heraushören und bei gegensätzlichen Stimmen eine Klärung herbeiführen. Wie das funktionieren kann, dazu haben Sie in den vorangegangenen Kapiteln einige Anregungen erhalten. Zusammengefasst sind es fünf zentrale Punkte:

1. Wir brauchen einen **mitfühlenden und neugierigen Kontakt** zu unserem inneren Team. Machen Sie sich dafür bewusst, wie Sie sich aktuell wahrnehmen, wie Sie sein möchten und wie unterschiedlich Sie sein können. (Kapitel 4–6)
2. Wir brauchen eine **fürsorgliche Selbstkontrolle**, sodass wir unsere Gefühle und unser Tempo bewusst wahrnehmen und variieren können. (Kapitel 7–8)
3. Wir brauchen eine **kreative Moderation und Integration**, um Unterschiedliches zusammenzubringen, Antreiber und Werte zu balancieren. (Kapitel 9–11)
4. Wir brauchen **konstruktive Konfliktklärungen**, um Grenzen zu setzen und Gegensätzliches zu klären. (Kapitel 12–13)
5. Wir brauchen **wertschätzenden Rückblick, Ausblick und Kontakt** mit anderen Menschen, um uns zu entwickeln und zu wachsen. Machen Sie sich bewusst, was Sie alles durch Ihre Geschichte gelernt haben. Prüfen Sie Ihr Selbstbild im Kontakt mit anderen und lassen Sie sich Feedback geben. (Kapitel 14–16)

Nach all den Übungen haben Sie jetzt vermutlich eine richtige Zirkustruppe an inneren Teammitgliedern/Tieren beieinander. Die ideale Zusammensetzung wird es vermutlich nicht geben, sondern wir müssen immer wieder neu prüfen, wer in die Manege soll und wie die Inszenierung sein kann. Als Regisseurin entscheiden Sie selbst über die Haupt- und Nebenrollen.

Es kann passend sein, wenn wir nach außen als zuverlässiger Arbeitselefant auftreten. Ergänzend kann ein wuseliges Eichhörnchen viele Jobs übernehmen. Wenn dabei unser inneres Faultier jedoch gar keinen Platz mehr bekommt, dann werden wir uns über kurz oder lang im seelischen Engpass wiederfinden. Eine Zeit lang wird das Faultier stillhalten, aber dann wird es auch seinen Ruheplatz in der Sonne einfordern …

Stark und authentisch sind wir immer dann, wenn wir innerlich und äußerlich mit uns einig sind. Sorgen Sie deshalb für stimmige Verhältnisse in Ihrem inneren Team. Prüfen Sie den äußeren Kontext, sodass Sie situationsadäquat agieren können. Werden Sie zur Regisseurin für Ihr Leben!

Es lohnt sich!

18. Weiterlesen macht stark

Barbara L. Fredrickson: *Die Macht der guten Gefühle. Wie eine positive Haltung Ihr Leben dauerhaft verändert*, Frankfurt 2011

Jutta Heller: *Resilienz. Innere Stärke für Führungskräfte*, Zürich 2015

Jutta Heller: *Resilienz. 7 Schlüssel für mehr innere Stärke*, München 2016

Jutta Heller: *Das wirft mich nicht um. Mit Resilienz stark durchs Leben gehen*, München 2016

Verena Kast: *Trotz allem ICH. Gefühle des Selbstwerts und die Erfahrung von Identität*, Freiburg 2007

Verena Kast: *Was wirklich zählt, ist das gelebte Leben. Die Kraft des Lebensrückblicks*, Freiburg 2010

Claudia Croos-Müller: *Alles Liebe. Soforthilfe bei Kummer, Kränkungen und weiteren Unfreundlichkeiten*, München 2016

Susanne Mertens: *Das Innere Team mit Tieren. Tiere als Persönlichkeitssymbole in Psychotherapie und Beratung*, München 2009

Frank Natho: *Gespräche mit dem inneren Schweinehund. Arbeit mit Tierfiguren in systemischer Beratung und Therapie*, Göttingen 2013

Wilhelm Schmid: *Vom Glück der Freundschaft*, Berlin 2014

Friedemann Schulz von Thun: *Miteinander reden.* Band 3: *Das »Innere Team« und situationsgerechte Kommunikation*, Reinbek 2013

Resilienz-ABC mit kontinuierlichen Ergänzungen, in:
www.juttaheller.de/resilienz/resilienz-abc

FSC www.fsc.org MIX Papier | Fördert gute Waldnutzung FSC® C011124

Penguin Random House Verlagsgruppe FSC® N001967

5. Auflage 2025

in der Penguin Random House Verlagsgruppe GmbH,
Neumarkter Straße 28, 81673 München
produktsicherheit@penguinrandomhouse.de
(Vorstehende Angaben sind zugleich
Pflichtinformationen nach GPSR)
Umschlag: Weiss Werkstatt München
Umschlagmotiv: Kai Pannen, Hamburg,
www.kaipannen.de
Satz: a.visus, Michael Hempel, München
Druck und Bindung: Mohn Media Mohndruck GmbH,
Gütersloh
Printed in Germany
ISBN 978-3-466-34677-6
www.koesel.de